Tirso de Molina

El cobarde más valiente

Barcelona **2024**
Linkgua-ediciones.com

Créditos

Título original: El cobarde más valiente.

© 2024, Red ediciones S.L.

e-mail: info@linkgua.com

Diseño de cubierta: Michel Mallard.

ISBN tapa dura: 978-84-9897-353-2.
ISBN rústica: 978-84-9816-496-1.
ISBN ebook: 978-84-9897-202-3.

Cualquier forma de reproducción, distribución, comunicación pública o transformación de esta obra solo puede ser realizada con la autorización de sus titulares, salvo excepción prevista por la ley. Diríjase a CEDRO (Centro Español de Derechos Reprográficos, www.cedro.org) si necesita fotocopiar, escanear o hacer copias digitales de algún fragmento de esta obra.

Sumario

Créditos	4
Brevísima presentación	7
La vida	7
Personajes	8
Jornada primera	9
Jornada segunda	43
Jornada tercera	77
Libros a la carta	111

Brevísima presentación

La vida

Tirso de Molina (Madrid, 1583-Almazán, Soria, 1648). España. Se dice que era hijo bastardo del duque de Osuna, pero otros lo niegan. Se sabe poco de su vida hasta su ingreso como novicio en la Orden mercedaria, en 1600, y su profesión al año siguiente en Guadalajara. Parece que había escrito comedias y por entonces viajó por Galicia y Portugal. En 1614 sufrió su primer destierro de la corte por sus sátiras contra la nobleza. Dos años más tarde fue enviado a la Hispaniola (actual República Dominicana) y regresó en 1618. Su vocación artística y su actitud contraria a los cenáculos culteranos no facilitó sus relaciones con las autoridades. En 1625, el Concejo de Castilla lo amonestó por escribir comedias y le prohibió volver a hacerlo bajo amenaza de excomunión. Desde entonces solo escribió tres nuevas piezas y consagró el resto de su vida a las tareas de la orden.

Personajes

Martín Peláez
Payo Peláez
Botija, lacayo
El Rey
Bermudo
Nuño
El Cid
Álvar Fáñez
Sancha
Muza
Abenámar, el rey moro
Álvaro, criado
Ordoño
Lidoro
Pedro Bermúdez
Amete
Calín
Unos moros

Jornada primera

(Salen Martín Peláez, Payo Peláez; Álvaro, criado, y Botija, villano.)

Payo	¿Hasta cuándo pretendías
	afrentar nuestras montañas,
	pues al Sol de otras hazañas
	lucen en ti valentías?
	¿Tú eres mi hijo? No aguardes 5
	que te dé tal nombre aquí,
	que no han de llamarme a mí
	padre de hijos cobardes.
	Tienes fuerzas superiores
	al más robusto león, 10
	y siempre tus hechos son
	regalos, gustos y amores.
	Cuando gano para ti,
	labrando el campo, sustento,
	marcha tú al campo sangriento 15
	por blasones para mí.
	¿No ves que parece mal
	un necio entre hombres discretos,
	entre avarientos, sujetos
	al oro, el que es liberal? 20
	Pues ¿qué pretendes, Martín,
	entre montañeses fieros,
	tan nobles como guerreros?
	Vete con Nuño y Laín,
	tus primos, que con tu tío 25
	el Cid, su fama acreditan,
	cuyas hazañas incitan
	a un mármol helado y frío.
Martín	Yo no estoy acostumbrado

	a ver paveses y cotas.	30
Payo	Pues ¿a qué?	
Martín	A buscar bellotas.	
Payo	Principio tiene el soldado, El Cid te dará valor.	
Botija	¿Y si no quiere tomallo?	
Payo	Traelde luego el caballo y las corazas.	35

(Va Álvaro por ellas.)

(Dichos, menos Álvaro.)

Martín	Señor, ¿quieres que me maten luego?	
Botija	Lástima le tengo al pobre, que cuando fuerza le sobre a verle cobarde llego.	40
Payo	¿En los demás no es igual el peligro de la vida?	
Martín	Padre, y ¿después de perdida?	
Botija	¡No ha preguntado muy mal el mozo!	
Payo	Siendo por Dios	45

	y por su Rey, no se pierde.	
Botija	Pues yo he visto, Dios me acuerde, y aun sois buen testigo vos, a un ciento y más soldados cantalles requiem amén.	50
Martín	Dice Botija muy bien.	
Payo	Pues iréis acompañados los dos.	
Botija	Ya cantó el cuquillo por mí. ¿En qué pequé, señor, que no conozco a Almanzor si no es para servillo?	55
Payo	Allá le conoceréis cuando con Martín salgáis al campo.	
Martín	En poco estimáis a un hijo.	
Payo	Bien lo sabéis. La guerra os despertará adonde echaréis de ver que en ella os puedo querer cuando os aborrezco acá.	60
Botija	¿Qué ha de echar de ver, señor? Eso al amor contradice que el Santo Evangelio dice que nos tengamos amor.	65

	Nuestro Señor Jesucristo dice también en su historia... Yo tengo linda memoria.	70
Payo	¿Qué dice?	
Botija	¿Pues no lo ha visto? Que el que peligro buscare muera muerte supetaña.	
Payo	¡Hay simpleza más extraña! De quien el alma arriesgare, habla Dios, del cuerpo no, cuando por él se aventura la vida.	75
Botija	Mucho me apura como me quedara yo, diera por buena la ida.	80

(Sale Álvaro con las armas. Dicho.)

Álvaro	Las armas están aquí.	
Payo	¿Trajiste el caballo?	
Álvaro	Sí.	
Botija	¿Y alforjas? Que sin comida no alzaré los pies del suelo.	85
Payo	Este arnés has de llevar, hijo; procúrale honrar, que fue de Sancho, tu agüelo.	

Botija	Mucho estas casacas pesan.
Payo	¿No hablas? ¿No me respondes? 90
Martín	No, porque en el pecho escondes las crueldades que profesan las fieras; no soy tan ciego que no vea que me han dado carga, con que el moro osado, 95 lidiando, me alcance luego. Menos pesado es mejor, pues mi padre me destierra, así partiré a la guerra.
Payo	Y si muestra más valor 100 el moro, y llega a las manos, sin armas te ha de herir.
Botija	Ahí entra bien el huir.
Payo	Son consejos de villanos los tuyos.
Botija	Lo que yo hiciera 105 digo no más, que mi amo, cuando corra como un gamo será todo.
Payo	Considera, si de quien eres no das muestra, como buen soldado... 110
Botija	Sí dará, que es hombre honrado.

Payo	Que no has de verme jamás. Caballo y armas te doy, que es de los nobles la herencia.	
Martín	¿Tan presto vuestra presencia me negáis?	115
Payo	Llorando voy, que es hijo al fin.	
Martín	¡Ah señor! ¿Cómo sin echarme os vais la bendición?	
Payo	¿Lloráis, Martín? Yo tengo temor de su vida. ¡Ay hijo mío! Mas ¿qué digo? Vaya y muera antes que afrentarme quiera. Al Cid, mi primo, os envío; hijo, imitareisle vos, pues hay tanta obligación, y alcánceos mi bendición, buen Martín, con la de Dios.	120 125
Botija	Écheme también a mí su bendición, y veremos cuál entre los dos extremos vuelve primero.	130
Payo	Si en ti vive de Sancha el amor, como la fama pregona,	

	ya ves que es otra amazona	135
	en hermosura y valor	
	y ha de buscar, cuando quiera	
	rendirse al yugo amoroso,	
	al marido valeroso.	
	La guerra, Martín, te espera:	140
	haz en ella alguna hazaña	
	por amante y por soldado,	
	que después, volviendo honrado,	
	te dará nuestra montaña	
	infinitos parabienes	145
	en los brazos de tu esposa.	
Martín	Fortuna menos dichosa	
	es la que aquí me previenes.	
	Si mi tierno amor conoces,	
	¿por qué te quitas, señor,	150
	que en prendas de tanto amor	
	regalados nietos goces?	
	Permite que Sancha sea	
	mi esposa, y mándeme luego	
	que donde trocado en fuego	155
	el Sol su carro pasea	
	viva entre bárbaros viles	
	o adonde sauces y chopos	
	la borda cuajada en copos	
	hilos de nieve sutiles.	160
	¡Valientes fueron los godos,	
	su nombre a los siglos dieron,	
	espanto a Italia pusieron,	
	mas no pelearon todos!	
	Yo, que bien los sabéis vos,	165
	entre la paz me gobierno,	
	porque soy...	

Botija	«¡Bobo es mi yerno!»	
	Es un ánima de Dios.	
	Por no matar un cochino	
	lo dejará de comer.	170
Payo	Mi voluntad se ha de hacer;	
	ése es, Martín, el camino.	
	Si os es la guerra molesta	
	y os volvéis, quiero advertiros	
	que saldrán a recibiros	175
	las garras de una ballesta.	

(Vase.)

(Dichos, menos Payo Peláez.)

Botija	Ea, cerróse de campiña:	
	¡no nos echara a la tarde	
	y no en ayunas! Aguarde.	
Álvaro	¿Quién es?	
Botija	¿Cuándo se aliña	180
	jornada entre hombres cristianos	
	sin tocar a la dispensa?	
	Payo, mi señor, ¿qué piensa?	
	¿Somos cuerpos soberanos?	
Álvaro	Los pueblos por donde has de ir	185
	que han de regalarte espero.	
Botija	Pues mientras llego al primero	
	me puedo, hermano, morir;	

	la alforja hagamos yo y tú.	
Álvaro	¿Tú no ves que no hay lugar? Adiós.	190
Botija	Tráguete la mar, criado de Belcebú. Fálteos, plegue a San Millán, en poblado y en camino casi el agua, todo el vino, la carne os falte y el pan. Parece ésta maldición que me la han echado a mí.	195
Martín	Amigo, vamos de aquí.	
Botija	Pidiendo están confesión mis tripas.	200
Martín	No hay cosa alguna en nuestra humana opinión que no tema con razón vaivenes de la fortuna. Perderé a manos del moro sin saberme defender la vida, para perder con tiempo el fuego que adoro.	205
Botija	Por lo que dices de fuego, tu Sancha viene hacia acá pisando hongos.	210
Martín	Será burla.	

Botija	Pues ¿soy yo ciego?	
Martín	Pues di que brotando vienen, sus bellas plantas hermosas muchos claveles y rosas.	215
Botija	¿No hay otras hierbas que tienen virtud para una ensalada? Cuanto pisa una mujer luego dicen que ha de ser ya la violeta morada, lirio azul, blanco jazmín, bello adorno del verano, haciendo que sea hortelano el cordobán del botín.	220

(Sale Sancha. Dichos.)

Sancha	Martín: qué por olvidarme, ¿te vas a la guerra?	225
Martín	Así tuviera piedad de mí quien de ti quiere apartarme. Como la mayor belleza que en nuestro suelo español, sirviendo de espejo al Sol formó la Naturaleza tuviera celos de ti cuando mi amor procurara, pues sabes que le negara el corazón que te di. Y porque no te parezca	230 235

	lisonja, cuando mi labio	
	haciéndole al Sol agravio	
	lo que él matiza te ofrezca,	240
	pregunta en tu pecho hermoso	
	al alma que te ofrecí.	
	Si parto, Sancha, sin mí,	
	antes puedo estar quejoso	
	de que presa en tu poder,	245
	mi alma a la tuya asida,	
	me den tus ojos la vida	
	para venirte a perder;	
	pues, si habiéndome robado	
	el alma muerto quedara,	250
	mi padre no me ausentara	
	del Sol que miro eclipsado.	
Sancha	Y muerto, ¿qué habías de hacer	
	en mis manos rigurosas?	
Martín	El Sol, padre de las cosas,	255
	tiene divino poder	
	para dar vida a las plantas,	
	y yo, como planta nueva	
	que a tus bellas luces prueba,	
	el ser a que me levantas,	260
	pudiera, Sancha, decir,	
	muerto en Fénix amoroso,	
	que era tu tema dichoso	
	que nace para morir.	
Sancha	¡Oh, qué bien te has prevenido	265
	de que lisonjas no son!	
Martín	Verdades del corazón,	

	¿cuándo lisonjas han sido?	
Sancha	No te he visto tan discreto	
	o, por decirlo mejor,	270
	tan amoroso pintor.	
Martín	Voy en tu ausencia sujeto	
	a la muerte, y como suele	
	muriendo el cisne cantar,	
	quise agora celebrar	275
	la mía.	
Botija	¡Mucho nos muele!	
	Señora Sancha, si gusta,	
	véngase: su poco a poco.	
Martín	Ya das de pesado en loco.	
Botija	Pues una mujer robusta	280
	no vendrá contando cuentos	
	a la sombra del rocín.	
Sancha	Como gustara Martín,	
	no me faltaran alientos	
	para seguir a un soldado.	285
Martín	¡Que tal diga una mujer!	
Sancha	Para poderte volver	
	el alma que tú me has dado	
	te quisiera acompañar,	
	que mal llevará la palma	290
	quien va a pelear sin alma.	

Botija	Para eso ¿hay más que sacar
	del purgatorio un par dellas?
	Quédeme yo acá rezando
	y se las iré enviando. 295
Martín	Tu amor te ha hecho importuna:
	darás ocasión que diga
	el Cid que llevo a la guerra
	afeminado el valor,
	cuando entre espanto y rigor 300
	pienso matizar la tierra
	con sangre morisca.
Botija	Aquí
	sin haber sido escolar
	hay quien comienza a dudar
	de lo que has dicho.
Martín	¡De mí! 305
	¿No sabes que a matar voy
	mil moros?
Sancha	¿Quién lo dudaba?
Botija	Es verdad, no me acordaba.
Martín	Rayo de los moros soy. 310
Botija	¡Bien la medida le hinches!
Martín	Pienso matar, Sancha mía,
	diez mil moros en un día.
Botija	Muchos son, aunque sean chinches.

Martín	¿Qué dices?	
Botija	Que yo también de un golpe, y tú lo verás, he de matar muchos más como me los pongan bien.	315
Sancha	¡De un golpe solo!	
Botija	¿No basta?	
Sancha	¿Cómo?	
Botija	Desta manera: voilos poniendo en hilera como si fueran de pasta, y con más fuerza que un toro, dándole con un garrote al primero en el cogote topa en el segundo moro; luego el tercero, sintiendo el garrotazo que di, cae sobre el cuarto, y así van topando y van cayendo. ¿Hay quien esto no le cuadre? Esto es juntos y apretados, que si esperan apartados venga a matarlos mi madre.	320 325 330
Sancha	Mira que, dicen que tiene Burgos, donde agora vas...	335
Martín	Pienso que celosa estás.	

Sancha	Eso mi amor te previene;	
	si alguna mujer tocares	
	que no te abrases te digo.	340
Botija	Buen remedio.	
Sancha	Dile, amigo.	
Botija	No hablar en caniculares.	
Martín	Primero verás arder	
	las aguas, el aire, el fuego,	
	y al Sol de la lumbre ciego	345
	precipitado caer,	
	y todo nuestro horizonte	
	sin las que a tu Sol reservo,	
	vivir en el mar un ciervo	
	y un delfín en ese monte	350
	que yo te olvide jamás.	
Sancha	Primero que yo te olvide,	
	el tiempo, que el tiempo mide,	
	le verás volver atrás.	
Botija	Primero verás volver	355
	una lechuza que yo.	
Martín	Quien de tu luz me apartó	
	no me concede lugar	
	para que más me detenga.	
	Dame tus brazos, y adiós.	360
Botija	¿Para abrazarse los dos	

	es menester tanta arenga?	
Sancha	¿Tantos rigores conmigo?	
Martín	Sancha: adiós.	
Sancha	Adiós, Martín.	
Botija	Aliñemos el rocín,	365
	que mañana yo me obligo	
	que estas hembras tengan dueño,	
	que un galápago soldado	
	no ha de faltar.	
Martín	Yo he quedado	
	como el que en profundo sueño	370
	en dulces glorias gozaba	
	teniendo aquel bien por cierto;	
	pero, viéndome despierto,	
	echo de ver que soñaba.	

(Vanse Martín y Botija.)

(Sancha, sola.)

Sancha	¿Cómo podré yo acabar	375
	con mi amor, sufrir su ausencia?	
	Imposible es la paciencia	
	en las que saben amar.	
	Seguiréle, sin que intente	
	ver lo que me está mejor,	380
	porque en contiendas de amor	
	muere el honor más valiente.	

(Vase.)

(Salen el Rey y Bermudo por una parte, y el Cid, Nuño Laíñez, Pedro Bermúdez y Ordoño, por otra, y acompañamiento.)

Rey	¿Para ver a un Rey salís
	de tantos hombres armado?

Cid   Señor: hanme acompañado,   385
               si la verdad advertís,
               aunque es gran dificultad
               que a donde llega primero
               la voz de algún lisonjero
               pueda caber mi verdad   390
               y en prueba, Alfonso, que aquí,
               con alma de engaños llena,
               os canta alguna sirena,
               basta no escucharme a mí.

Bermudo   ¡Al paso que sois guerrero   395
               os preciáis de mal mirado!

Cid   Callad vos, pues yo he callado
               el nombre del lisonjero.
               Mas, pues que vos desviáis
               tan contra justicia y ley   400
               de las orejas del Rey
               la verdad que me escucháis,
               sin duda que tenéis dentro
               las mentiras que os escucha;
               acométenme en la lucha   405
               y hanme salido al encuentro.

Rey   Advertid que estoy presente.

Cid	No temáis que muestre bríos,
	porque los agravios míos
	llevo con serena frente. 410
	No negará mi amistad
	el que más mi ofensa intenta,
	que yo perdono, la afrenta
	como al Rey trate verdad.
Rey	Los que yo tengo a mi lado 415
	me la dicen más que vos.
Cid	Engañáisos, ¡vive Dios!
Rey	A no haberos desterrado
	hiciera un nuevo castigo
	en vos; salíos de mi tierra. 420
Cid	Si désta el Rey me destierra,
	ya está en su tierra Rodrigo.

(Da unos pasos atrás.)

Rey	De Castilla habéis de ir
	en el plazo de tres días.
Cid	Temeréis verdades mías, 425
	pues no las queréis oír.
	Ya partiré desterrado
	del reino; pero mirad
	que a hombres de mi calidad
	más término les han dado 430
	para levantar su casa;
	cuando desterrados van

| | a los ricos hombres dan
cuarenta días. | |
|----------|---|---|
| Rey | No hay tasa
en mi gusto; el plazo os niego. | 435 |
| Cid | Pues la ley también negáis,
y claramente mostráis
que de cólera estáis ciego,
pues ni en cuarenta podré
(testigos, mis infanzones),
cargar, señor, los pendones
que en vuestras guerras gané.
No me neguéis lo que os pido,
por éstos, sino por mí,
a quien tantas veces vi
defender vuestro partido.
Oíd, don Nuño Laín;
Pedro Bermúdez, llegad,
y en prueba de mi lealtad,
para tan honroso fin,
mostrad las heridas fieras,
sobrinos a Alfonso agora,
que, si bien no las ignora,
las juzgará por ligeras
que yo iré muy satisfecho
si dais para mi partida
un día por cada herida
de las que muestre su pecho. | 440

445

450

455 |
| Ordoño | Pues ¿tan caro ha de costar
que con sangre ajena y mía
se ha de comprar cada día
de los que le habéis de dar? | 460 |

Nuño	Muy corta dais la licencia,	
	cuando entre el despojo opimo	
	Alvar Fáñez vuestro primo,	465
	queda cautivo en Valencia.	
Bermúdez	Herido y preso quedó	
	por vos en sangrienta lid;	
	merezca por él el Cid	
	el término que os pidió.	470
Rey	Doy a vuestro ruego aquí	
	nueve días y no más.	
Cid	No fui tan corto jamás	
	en las victorias que os di.	
	Desleal me habéis llamado,	475
	si a alguno lo habéis oído,	
	cuantos lo han dicho han mentido,	
	y en esta campaña armado,	
	cual noble hidalgo español,	
	cuerpo a cuerpo los espero	480
	desde que salga el lucero	
	hasta que se esconda el Sol.	
	Y a no ser mi Rey, es llano	
	que me igualaran las leyes,	
	pues sabes que muchos reyes	485
	me han besado a mí la mano.	
	¿Estos vasallos tenéis,	
	Alfonso, y los desterráis,	
	y, ¡vive Dios!, que os quedáis	
	con traidores?	
Rey	No me deis	490

	a que os castigue ocasión	
	que hay fuerzas de Rey en mí.	
Cid	Esas fuerzas yo os la di	
	con mi guerrero escuadrón.	
	Aunque para hablar severo	495
	basta que nombre tengáis	
	de Rey, con que sustentáis	
	al enemigo más fiero.	
	Vos podéis hablar, señor;	
	pero no el que hablando lidia	500
	que llama, muerto de envidia,	
	deslealtad a mi valor.	
	Ponelde freno en la lengua,	
	que son armas mujeriles,	
	armas cobardes y viles	505
	de nobleza, y valor mengua.	
Rey	Pues yo gusto de amparallos.	
Cid	Si tanto sabor os trueca,	
	con las riendas de «Babieca»	
	daré vuelta a castigallos.	510
Rey	¡Cid!	
Cid.	¡Alfonso!	
Rey	Bueno está.	
Cid	No está, señor.	
Rey	¿Qué decís?	

Cid	Rey Alfonso, esto que oís.
Rey	Vamos, Bermudo.
Bermudo	El que va con su Rey disculpa tiene 515 si no responde.
Rey	Es verdad; id tras él, y procurad no andar sin él, que os conviene.

(Vanse.)

(Salen Abenámar, rey moro, y Álvar Fáñez, sin espada.)

Abenámar	Álvar Fáñez: no pretendo de tu persona el rescate, 520 aunque el mismo Rey lo trate; de que lo trates me ofendo. Vete en paz, y al Rey, tu tío, dale este abrazo por mí.
Álvar	Jamás en bárbaro vi 525 tan piadoso señorío. Digo que en valor excedes a Alejandro.
Abenámar	Al fin irás en casa del Cid, podrás hacerme en ella mercedes. 530
Álvar	Tú puedes, señor, hacellas a quien se rinde a tus plantas.

Abenámar	Tú puedes hacerme tantas, que venga a ser rey por ellas.	
Álvar	Pues ¿en qué las puede hacer a un rey un soldado?	535
Abenámar (Aparte.)	Dudo descubrille el pecho. Pudo hoy conmigo merecer tanto tu valor... ¿Qué digo? Ya estoy ciego.	
Álvar	No te entiendo.	540
Abenámar	En vano el alma defiendo del fuego que adoro y sigo. Dícenme que Sol y Elvira, del Cid, dos hijas doncellas, son, como los cielos bellas.	545
Álvar	¿A qué blanco el moro tira?	
Abenámar	Más que entre el bello arrebol de Elvira divina aurora, blandamente luce agora, Sol, su hermana, como el Sol.	550
Álvar	Pues ¿qué me quieres decir siendo moro, cuando es ella cristiana?	
Abenámar	Que es Sol muy bella. ¿No me podrás permitir	

	que esto diga?	
Álvar	¿Por qué no,	555
	supuesto que no la ofendes?	
Abenámar	Piadosamente me entiendes.	
	La fama, amigo, llegó,	
	de su hermosura, de suerte,	
	que en veneno disfrazada	560
	me deja el alma abrasada.	
	Tuviera a dichosa suerte	
	que tú le hablases por mí,	
	que ansí tu favor podría	
	vencer a mi cortesía.	565
	Mas quisiera darte aquí	
	este papel que le lleves,	
	en cuyos renglones breves	
	verá mi profundo amor,	
	porque pienso, en mis fortunas,	570
	blasón del cristiano y moro,	
	ofrecer al Sol que adoro	
	postradas mis medias lunas.	
Álvar	¿Dícelo el papel también?	
Abenámar	También el papel lo dice,	575
	porque mi amor autorice.	
Álvar	Muestra...	
Abenámar	Denme el parabién	
	las mismas glorias de amor.	

(Rompe Álvar el papel.)

Álvar	Esto responde por mí doña Sol.	
Abenámar	¿Perdiste aquí el seso? ¿Con qué valor se ha armado tu atrevimiento para tan gran desvarío?	580
Álvar	No hubo más valor que el mío, que tu primer movimiento castigó con divertir esa locura en que das, que a desvanecerte más fuera más dulce el morir a manos de un tigre fiero que sufrir mi enojo y furia.	585 590
Abenámar	A un Rey un cautivo injuria de quien ya vengarme espero. La muerte que ya te aguarda te obliga a hablar desa suerte.	 595
Álvar	¿Quién podrá darme la muerte cuando mi voz te acobarda? Pues te precias de soldado, no te valgas de traiciones; arroja tus escuadrones; como esté en el campo armado, y porque acortes los plazos, prueba este brazo español: verás, sin que pare el Sol, partir tu gente a pedazos; que del varón sabio y fuerte,	 600 605

                si en mí es la alabanza impropia
                todo el mundo es patria propia,
                infeliz o adversa suerte.
                Y quien en prisión sujeto   610
                permite mengua en su honor,
                tiene al peligro temor
                lleno de infame respeto.
                Mas bien sé que el no arrojarte
                a venganzas atrevidas   615
                es por no perder las vidas
                que sientes que ha de costarte,
                pues matara mi furor
                a tantos en tu presencia,
                que no quedara en Valencia   620
                quien te llamara señor.

Abenámar   Mal en los hombres parece
                hablar.

Álvar   Engañado estás.
                Dame una espada y verás
                cómo la lengua enmudece.   625
                La lengua, estando agraviada,
                la honra tanto provoca,
                que revienta de la boca
                por convertirse en espada.

Abenámar   La que en la guerra perdiste   630
                con la libertad te doy;
                veré si ejecutas hoy
                lo que en la lengua ofreciste;
                porque en la espantosa lid
                donde te he de castigar,   635
                quiero volverte a sacar

	de entre los brazos del Cid.	
Álvar	Con humilde cortesía mi libertad te agradezco y con mi espada te ofrezco lo que vale por ser mía. Vale una ciudad cercada, y en pago de tu clemencia pienso ganarte a Valencia y dártela por mi espada.	640 645

(Vanse.)

(Salen Martín Peláez y Botija.)

Botija	¡A buena ocasión llegamos, que están haciendo novenas a San Pedro pescador! Ponte muy firme de piernas, habla gordo lo posible, porque dicen que en la guerra vale mucho un hombre ronco.	 650
Martín	El alma en el pecho tiembla de ver que a tales varones un hombre cobarde ofrezca mi padre; la culpa es mía, y es bien que la pena sienta.	 655
Botija	Ya salen en procesión, y, pardiez, ¡que vienen hembras con ellos!	
Martín	Serán mis primas	660

	Elvira y Sol.
Botija	¡Guarda fuera! ¿Sol se llama? Abrasará quien se abrazare con ella.
Martín	Desvíate a un lado, necio.
Botija	¿A un lado? ¿Soy fartiquera? 665

(Salen el Cid, con pendón; Nuño Laín, Pedro Bermúdez y Ordoño. Dichos.)

Cid	Pendón bendecido y santo, hoy un castellano os lleva por su Rey mal desterrado, bien plañido por su tierra. No ha hecho traición al Rey 670 por obra ni por semeja, si no es que traición se llama defenderle sus fronteras. Por lisonjas de cobardes busco las ajenas tierras, 675 desde lejos arrojado, que no osaran desde cerca. Pero agradézcanlo a Dios, que a Él solo es bien agradezcan que en su ofensa no descubro 680 mi espada y mi cruz bermeja.
Botija	¿No llegas?
Martín	Tengo temor de ver la grave presencia del Cid; espanto me pone.

Botija	Si fueran moros, ¿qué hicieras? Yo le diré que has venido.	685
Martín	Aguárdate, necio, espera.	
Botija	Yo me arrojo. ¡Ah señor Cid!	
Ordoño	Un corito a hablarte llega; de lejas tierras parece.	690
Cid	Llegue en buen hora.	
Botija	Así sea.	
Martín	Si tanto temor me han puesto sosegados en la iglesia, ¿qué será verlos lidiando al son de roncas trompetas? Jamás me hubiera obligado de mi padre la presencia.	695
Cid	¿Cómo no hablas?	
Botija	No puedo.	
Cid	Despide el temor, sosiega. Di a lo que vienes.	
Botija	Señor... venimos... Soy de mi tierra y soy Botija también.	700
Cid	Pues ¿entre nosotros tiemblas?	

Botija	Pues ¿no puedo yo temblar donde quisiere?	
Martín	Mi afrenta va publicando su miedo.	705
Botija	Payo Peláez, bien se acuerda tuvo un hijo, y este hijo quieren decir malas lenguas que salió travieso un poco, y salido, tenga en cuenta, riñó su padre con él, después de muchas pendencias, porque era acuchillador.	710
Martín	¡Divinamente lo enmienda!	715
Botija	Por quítame allá esas pajas le sacó una vez las muelas a un bárbaro; pero fueron las que colgaba a la puerta. Díjole su padre entonces: vete, Martín, a la guerra despidióse y despedíme, y acá estamos todos.	720
Cid	Venga en buen hora mi sobrino.	
Martín	Porque a vuestros pies merezca nombre de vuestro soldado.	725
Botija	¿Venle aquí como una oveja?	

	Pues todo el año es así.	
Cid	El alma, Martín, se alegra de veros; seáis bien venido a la militar escuela donde el honor se acrisola.	730
Martín	Quien goza vuestra presencia tendrá valor que le envidien las naciones contrapuestas.	735
Cid	Visitad a vuestras primas, que Jimena yace enferma en León!	
Martín	Voy a serviros.	
Cid	Como a bisoño en la guerra, quiero en sucintas razones daros de su trato cuenta. No hay trabajos insufribles que el soldado no padezca.	740
Botija	¡Mira con qué le saludan! ¡Por Dios que es linda la flema! Pues con buen compás de pies será bueno dar la vuelta a guardar treinta borregos.	745
Martín	¿Quién hay que ignorancia tenga desos trabajos, señor? Y más quien viene a hacer prueba del valor que me ha prestado mi conocida nobleza.	750

Cid	¿Qué os parece, caballeros? ¿Podremos, con la defensa de tan gallardo soldado, buscar moros en su tierra?	755
Botija	¡Si lo pudiera excusar!...	
Cid	Serán las victorias ciertas con su favor.	
Martín (Aparte.)	Padre ingrato, ¿por qué permites que vean tu afrenta en mi cobardía? ¡Pluguiera a Dios que en la sierra me hubiera muerto algún oso!	760
Cid	Sobrino, por nuevas prendas de mi amor, y porque espero que en vuestra defensa tenga mi pendón lugar seguro, mientras dure la novena le honraréis con vuestras manos.	765 770
Martín	Donde hay tantos que merezcan este honor...	
Cid	A vos se os debe.	
Botija	Él hará lo que no deba.	
Martín	Razón es obedeceros.	
Botija	En oyendo las trompetas	775

	lo verán.
Cid	Vamos.
Botija	¿Y a mí no me darán una vela? Iremos en procesión; si aguardan que la merezca, Botija soy, y en Asturias 780 es mi casa sola vieja.
Ordoño	¡Solariega!
Botija	Y en mis armas los botijas de mi tierra pintan un braguero de oro.
Ordoño	Pues ¿por qué?
Botija	Porque se quiebra. 785

(Vanse, con que se da fin a la primera jornada.)

Jornada segunda

(Suena un clarín y salen Martín Peláez y Botija.)

Botija	Señor, ¿a qué toca el moro?
Martín	Dicen que toca a embestir.
Botija	Pues quiéreme prevenir para esconderme.
Martín	Ya lloro entre las desdichas mías 5 mi ya malogrado amor.
Botija	No hay sino mostrar valor, señor Martín.
Martín	Pues ¿no fías de mí que sabré mostrar ánimo y pecho gallardo? 10
Botija	Por eso digo: aquí aguardo, para tener que contar tus hazañas a la vuelta.
Martín	Ya las espadas previene el Cid; mostrar me conviene 15 determinación resuelta de morir, antes que vea la infamia que engendra el miedo. Engañado estoy, no puedo excusar la imagen fea 20 de la guerra; amigos adiós,

	que ya suben a caballo.	
Botija	¿De veras podré esperallo?	
Martín	Si hemos de volver los dos cargados de mil trofeos para Sancha, claro, está.	25

(Vase.)

Botija	Pues tráigase hacia acá un rey moro. Los deseos de mi amo buenos son; fuerzas y estómago tiene corriendo un carro detiene de seis mulas; no hay Sansón como él si da una puñada, pero diz que no está en eso; ya temo algún mal suceso.	30 35

(Sale Sancha, en hábito de hombre, y Botija.)

Sancha	¿Cuándo un alma enamorada temió peligros de honor? Los imposibles mayores amor los convierte en flores porque es lisonjero amor. Buscando vengo a Martín disfrazada en el vestido, aunque amor, como advertido, mal puede encubrirse en fin; pues, por templar los enojos que causa mi ardiente fuego, pretende mostrarse luego	40 45

                en el agua de mis ojos.
                Y así en el disfraz mayor
                con que amor cubrirme quiere,   50
                verá quien mis ojos viere
                que vengo muerta de amor.
                Si, como es Martín gallardo,
                sustenta el alma animosa
                no habrá mujer más dichosa;   55
                verle solamente aguardo
                que entre las escuadras lidie
                para dalle mis deseos
                mil amorosos trofeos
                que nuestra montaña envidie.   60
                Estos son los pabellones
                del pueblo cristiano, y pienso
                que quieren lidiar.

Botija   Suspenso
                por más de veinte razones
                me tiene el montañesillo   65
                que está en el valle parado.

Sancha   Hacia aquí viene un soldado;
                como él quiera he de servillo
                para encubrirme mejor.

Botija   ¡Qué bien la vista repara!   70
                ¡Par Dios! Cortada la cara
                parece a Sancha.

(Sale Álvar Fáñez. Dichos.)

Álvar.   Al temor
                de la castellana furia

	que arrojan nuestros reales	
	recoge ya sus cristales	75
	en urnas de plata el Turia.	
	Pone el moro sus riberas	
	en banderas y pendones,	
	el Cid pondrá a sus leones	
	por alfombras sus banderas.	80
(Tocan una caja.)	Aquella caja señala	
	la sangrienta acometida	
	aquí es bien perder la vida,	
	cuando en la fama se iguala	
	un valeroso español	85
	al Macedón, cuya gente	
	pisó del Ganges la frente,	
	nevada cuna del Sol.	
	Bien ha menester las manos	
	el fiero ejército vil,	90
	aunque trae noventa mil	
	para ocho mil castellanos.	
Sancha	Pienso que volverse quiere,	
	que le dan las trompas voces;	
	volarán mis pies veloces	95
	para decille que espere.	
	¡Ah señor!	
Botija	¿Adónde va	
	el muchacho?	
Álvar	¿Quién me llama?	
Sancha	Quien quisiera daros fama	
	sobre el Sol y os servirá	100
	de paje en la paz y aquí	

| | de llevaros si gustáis
escudo y yelmo. | |
| --- | --- | --- |
| Álvar | ¿Buscáis
a quién servir? | |
| Sancha | Señor, sí,
porque a la guerra me inclino,
y así me perdone Dios
que os sirva de balde a vos. | 105 |
| Álvar | ¡El muchacho es peregrino! | |
| Sancha | Diga: ¿quiere ser mi amo? | |
| Álvar | Tiene gallarda presencia.
¿El nombre? | 110 |
| Sancha | Con su licencia
diré que Sancho me llamo. | |
| Álvar | Pues, Sancho, no hay ocasión
para que más me detenga;
cuando de la guerra venga
tomaré resolución
en vuestra comodidad. | 115 |
| Sancha | ¿Cuándo volverá, señor? | |
| Álvar | Si nos da el cielo favor,
no llegará a la mitad
el Sol sin que vuelva aquí. | 120 |
| Sancha | Pues piense que ha vuelto ya | |

	y recíbame, y verá	
	el favor que tiene en mí,	
	que pienso rezar por él,	125
	aunque en guerreros estilos,	
	a Santo Domingo de Silos.	
Álvar	Ya fuera, Sancho, cruel	
	a tan buena voluntad	
	si no os recibiera.	
Sancha	Digo	130
	que mil veces le bendigo.	
Álvar	En ese monte esperad	
	mi buena o mala fortuna.	

(Vase.)

(Dichos, menos Álvar.)

Sancha	Con victoria os vuelva el cielo.	
Botija	¿Qué le ha dicho este mozuelo,	135
	si el preguntar no importuna?	
Sancha	Éste es Botija. ¡Ay de mí!	
	Que pierdo, si me conoce,	
	mi pretensión.	
Botija	No se emboce,	
	que no estoy por bestia aquí.	140
	A Sancha me huele el mozo.	
Sancha	Pues ¿qué es lo que quiere?	

Botija	Quiero	
	preguntar a lo barbero:	
	¿por qué no le sale el bozo	
	para que nos dé provecho,	145
	que aquese talle no es barro?	
	Barba muy a lo guijarro	
	no es de hombre de pelo en pecho.	
	¿Tiene hoyo la barbilla?	
Sancha	¿Con esas preguntas viene?	150
Botija	Dígolo, porque no tiene	
	de Adán más que la costilla.	
Sancha	¿Sueña?	
Botija	Ayer soñaba yo,	
	vaya conmigo, esté atento,	
	que en cierto despedimiento	155
	cierta mañana se halló	
	su merced en cierto valle	
	que con cierto montañés	
	se abrazó; lo cierto es	
	que fue sueño, escuche y calle.	160
	Lloraron mucho, y llorado,	
	venímonos, y venido	
	sentimos mucho, y sentido	
	hablamos al Cid, y hablado	
	resultó que desperté	165
	diciendo: Sancha divina,	
	la invención es peregrina,	
	no te encubras por la fe	
	que debes a mi señor.	

Sancha	¿Cómo, si es Martín mi dueño?	170
Botija	Pues ¿no le digo que es sueño? ¡No ha estado linda la flor del señorito! Entre manos se me quiere hacer mujer.	
Sancha	Soñé yo también por ver.	175
Botija	No hay que ver, que hay sueños vanos. Pero, dígame también, ¿qué dijo a aquel caballero?	
Sancha	Dije que servirle quiero.	
Botija	¿Halo mirado muy bien? Porque llegar a servir al primero que topó y más si acaso dejó buen amo, da que decir, y tanto, que juro a Cristo que estoy para hacer un hecho...	180 185
Sancha	Ya está el alma en más estrecho; ya sin fruto me resisto. No fue liviandad, Botija.	
Botija.	¿Estás borracho, muchacho? Por no llamarme borracho me dio el nombre de vasija. ¿Qué dices?	190
Sancha	Que estoy soñando,	

	y aun pienso que sueño ha sido,	
	porque aún no me he conocido.	195
Botija	¿Dónde has de estar esperando	
	a tu señor?	
Sancha	Que le aguarde,	
	dijo, en este monte.	
Botija	Sube.	
Sancha	Alguna dichosa nube	
	porque a sus ojos me guarde,	200
	me dio en el disfraz el cielo.	
Botija	Pardiez, que hoy ha de saber	
	Martín quién es la mujer.	
	¿Amores buscáis al vuelo?	

(Salen el Cid y Martín, cada uno de su parte. Dichos.)

Cid	Si premio hubiera faltado	205
	de honor, a un riesgo, mortal,	
	no tuviese un Rey caudal	
	para pagar a un soldado.	
	Con agradecido amor	
	es bien que lo satisfaga,	210
	y no perdiendo en la paga	
	le dé ventajas de honor;	
	que un soldado estropëado	
	no siente el dolor cruel	
	si sabe que dicen del	215
	que peleó como honrado.	

Martín	¡Que mi afrenta y mi temor,	
	que con mi dolor compiten,	
	me traigan donde repiten	
	todos liciones de honor!	220
	¡Qué he de hacer!	
Cid	Ea, capitanes,	
	entrad.	
Botija	Bien es si te esfuerzas,	
	lo que perdiste en las fuerzas,	
	que con la industria lo ganes.	
	En tropa puedes sentarte,	225
	porque, viéndote a su lado,	
	pensarán que has peleado.	
Martín	Mil abrazos quiero darte	
	por el buen consejo.	

(Sale Álvar Fáñez. Dichos.)

Álvar	Vamos,	
	antes que el moro vencido	230
	vuelva a ganar lo perdido.	
Martín	Por eso a entender le damos	
	siempre lo que pierde en ello.	

(Vanse, Álvar Fáñez y Martín Peláez.)

(Dichos, menos Álvar y Martín.)

Cid	¿Dónde Martín puede estar?	
	Su afrenta me ha de acabar,	235

	tengo el alma de un cabello.	
Sancha	Sin duda el seso ha perdido;	
	ansí su infamia previene,	
	mas ¿quién tal ansí no tiene	
	vergüenza de haber huido?	240
	A la mesa se ha sentado,	
	no es el que buscaba yo;	
	un mar de hielo cayó	
	sobre mi pecho abrasado.	
	¡Si viérades más mis ojos	245
	me despedace un león!	
Botija	¿Dónde vas?	
Sancha	¡Ay corazón,	
	muerto entre penas y enojos!	
	Pero por venganza honrosa	
	del que tan sin honra vi,	250
	al que por amo escogí	
	daré la mano de esposa,	
	y a un villano, si faltare,	
	que una mujer ofendida	
	le dará el alma y la vida,	255
	al primero que topare.	

(Vase.)

(Dichos, menos Sancha.)

Botija	Mas qué, ¿se va de vergüenza
	de lo que mi amo ha hecho?
	Luego iré a templarle el pecho.

Cid Con buenos hechos comienza 260
Martín a honrar a su tío.
Ya en la montaña estarán
juzgándole capitán.
¿Qué diré en descargo mío
que no multiplique enojos? 265
Llamaréle quien le vio
infame, pues se atrevió
a ser cobarde a mis ojos.
Pero quiero divertir
el ánimo triste un rato. 270
No merece hacer el plato
a los que osaron morir
tantas veces. ¿Quién los ve
correr con tanto sosiego
que juzgue un rayo de fuego 275
la estampa de cada pie?
¿Quién no tendrá a maravilla
y a nuevo prodigio extraño
que recoja aquel escaño
la defensa de Castilla? 280
Leones domesticados
parecen en sus decoros,
despedazando más moros,
que están comiendo bocados.
Pero ¿quién és el que veo 285
junto a Alvar Fáñez? ¡Si es él!
Mas no fuera tan cruel
la fortuna a mi deseo,
que el premio de avergonzallo
nunca ha de osar admitillo 290
tuvo ante su caudillo
temor para conquistallo.
Mas como un cobarde está

	ciego en tan honrosas cuentas,	
	topa en honras y afrentas	295
	sin saber adónde va.	
	¡Vive Dios, que no ha de estar	
	más un momento en la mesa!	

(Vase.)

Botija   A alguna afrentosa empresa
             ya el Cid. ¿En qué ha de parar?   300

(Vase.)

(Sale el Cid, sacando del brazo a Martín Peláez, con una servilleta, un panecillo y un cuchillo.)

Cid   Sobrino, advertiros quiero
             que tiene mal proceder
             quien se convida a comer
             sin que le llamen primero.
             El convidaros comienza   305
             por acto de voluntad;
             ir llamado, es amistad;
             sin llamaros, desvergüenza.
             Y esto, para entre los dos,
             que aunque son amigos caros,   310
             pues se fueron sin llamaros,
             quisieron comer sin vos.
             Demás que aquí se reparte
             la costa a los convidados,
             y de los que veis sentados   315
             puso cada uno su parte;
             que como ellos han cortado
             cabezas que África llora,

	lo que están comiendo agora	
	por cabezas lo han echado;	320
	y así no es razón que deis	
	ocasión por tantos modos	
	a decir que compran todos	
	lo que sin pagar coméis.	

(Vase.)

(Martín Peláez, solo.)

Martín	Vuestras razones notorias	325
	dicen del alma sentidas	
	que aquí se dan las comidas	
	a precio de las victorias.	
	Si son los triunfos y glorias	
	con lo que se han de comprar,	330
	claro está de averiguar	
	que en vuestra mesa ofendida	
	me negastes la comida	
	porque la salga a buscar,	
	y aunque el pan me habéis dejado,	335
	Rodrigo, advertiros quiero	
	que sin compralle primero	
	no he de comer ni un bocado.	
	Laurel, teneldo guardado	
	como en depósito fiel	340
	y sed guarda tan cruel	
	que aun a mí, si os lo pidiere,	
	no me lo deis, si no os diere	
	una victoria por él.	
	Ea, afrentas, acabad	345
	vuestro curso acelerado,	
	si en la cumbre habéis tocado	

	con la cabeza, bajad;	
	que tiene tal calidad	
	el honor precioso y bello	350
	que aunque luchéis por vencello	
	ha de quedar superior,	
	porque es gran parte de honor	
	la vergüenza de perdello.	
(Tocan al arma.)	Ea, que el moro tocó	355
	segunda vez a embestir;	
	la ocasión puedo decir	
	que el cielo me la vendió;	
	de mi he de vengarme yo	
	tanto, que los que miraron	360
	las afrentas que cargaron	
	sobre mi ofendido honor,	
	viendo ahora mi valor	
	presuman que se engañaron.	

(Vase.)

(Salen Álvar Fáñez, Nuño y el Cid.)

Cid	¡Qué, no os dejaron comer!	365
Álvar	Antes se lo agradecemos,	
	a les buscar, porque iremos	
	más ligeros al vencer.	
Cid	¿Quién se ha querido ofrecer	
	a la batalla primero?	370
	¡Qué gallardo caballero!	
Álvar	Martín es quien nos convida.	

Cid	¿Veis como no fue huidor,	
	sino astucia de guerrero?	
	Socorramos a Martín,	375
	caballeros.	
Nuño	Ya embistió;	
	por las batallas se entró.	
Álvar	Engañámonos al fin.	
Nuño	Apenas oyó el clarín	
	cuando acometió valiente.	380

(Vanse todos, menos el Cid.)

(El Cid, solo.)

Cid	Ya desbarata la gente,	
	y cual segador, espigas	
	de cabezas enemigas	
	tiene una muralla enfrente.	
	No vi más terrible osar;	385
	ya empieza el campo a temelle;	
	con el contento de velle	
	se me olvida el pelear;	
	mas ¿qué espada ha de faltar,	
	si el mundo en la suya estriba	390
	para que la fama escriba	
	que la afrenta del huir	
	la quiere agora cubrir	
	con los cuerpos que derriba?	
	En no ayudarle acrisolo	395
	el honor que restauró,	
	que pues él solo huyó,	

                    gane la victoria solo.
                    Ya le ofrece el mismo Apolo
                    para que a la Envidia asombre   400
                    su laurel.

(Salen peleando Abenámar, Lidoro, Muza y otros con Martín. El Cid.)

Abenámar   ¿Quién eres, hombre?
                    ¿Alvar Fáñez, Laín u Ordoño?

Martín   Soy un soldado bisoño
                    del Cid, que aún no tengo nombre.

(Entralos a cuchilladas.)

Cid   Ea, Martín, que fue el valor   405
                    mientras lo encubristes, mas
                    como el que da paso atrás
                    para dar salto mayor.
                    Ya puede llamarse honor
                    su huida, que ofendellos,   410
                    dando al cuchillo sus cuellos
                    por no darles honra ha sido;
                    que por haber él huido
                    no quiere que huyan ellos.
                    Su espada es la vencedora,   415
                    Dios con vitoria la vuelva.
                    Por una acerada selva
                    de lanzas se arroja agora,
                    espada y brazo mejora,
                    y en su generoso aliento   420
                    se mezcla el Marte sangriento
                    con el Rey: ¡heroica empresa!
                    Ya bien merece la mesa,

                que trae sobrado sustento.
                Pero en tanto que pelean   425
                quiero su campo apretar,
                que la ocasión y el lugar
                no lloran si se desean.

(Tocan al arma, y sale el Rey Moro, Álvar Fáñez y Martín Peláez.)

Álvar   Así tus vitorias sean
                a las de Alejandro iguales.   430

Martín   ¿Qué pides?

Álvar   Que me señales
                sola esa batalla aquí.

Martín   Pues ¿fáltame esfuerzo a mí
                para batallas reales?

Abenámar   Antes te ha sobrado tanto,   435
                que quiero competidor
                no de tan alto valor.

Martín   Luego ¿doite más espanto
                que Alvar Fáñez?

Abenámar   Yo sé cuánto,
                pues una vez le vencí.   440

Martín   Tuya, es la batalla aquí;
                mas si él te vence, ¿qué esperas?

Abenámar   La muerte en sus manos fieras,
                pues a sus manos volví.

Álvar	Antes pagarte pretendo la libertad de aquel día.	445
Abenámar	Pues a tanta cortesía hago mal si me defiendo. Tu esclavo soy.	
Martín	No pretendo que te adelantes jamás; para vencerle no más te concedí esta victoria, que yo he de ganar la gloria de la vida que le das. Rey: el poder escaparte del peligro a que has llegado es por habernos juntado dos hombres para matarte; sigue tu propicio Marte, mas confiésate rendido de Alvar Fáñez, que él ha sido el dueño Desta amistad.	450 455 460
Abenámar	Y ¿quién me da libertad?	
Martín	El mismo que te ha vencido; que aunque parte desta gloria llegué a tener merecida, entre los dos repartida viene a ser corta victoria; cifre tu famosa historia esta hazaña en mi presencia; mas huye, moro, a Valencia, que si te vuelve a encontrar,	 465 470

	ni te podrá perdonar	
	ni yo le daré licencia.	
Abenámar	Parto a obedecer vencido	475
	de vuestro heroico valor.	

(Vase.)

(Sale Sancha. Dichos, menos Abenámar.)

Sancha	Con vergüenza y con temor	
	a su presencia he venido;	
	ya los celos que he tenido	
	los han de pagar mis ojos.	480
Álvar	No más triunfales despojos	
	honran el templo de Marte;	
	deja que llegue a abrazarte,	
	Martín.	
Martín	En perdiendo enojos	
	que recelos me han causado	485
	podrás llegarme a abrazar.	
Álvar	Nadie se llegó a enfadar	
	conmigo.	
Martín	Pues yo me enfado.	
	¿Qué tienes que responder?	
Álvar	Que, más que valor, ha sido	490
	soberbia la que has tenido.	
	Pero déjame entender	
	la causa porque te enfadas	

	y satisfacción haré.	
Martín	Yo también te la daré.	495
Álvar	¡A mí! ¿Cómo?	
Martín	A cuchilladas.	
Álvar	¿Por una vez que has mostrado	
	valor, te quieres poner	
	con el que supo vencer	500
	antes que fueras soldado?	
Martín	Por eso hay más que escribir	
	los blasones que he tenido,	
	pues en valor te ha vencido,	
	el que una vez viste huir;	505
	que, si lo que viendo voy,	
	baldón alguno me das,	
	tan descomedido estás	
	como yo sufrido estoy.	
	Y advierte que fue el temor	510
	que estas glorias me previene	
	lunar hermoso que tiene	
	la imagen de mi valor;	
	pero la alabanza mía	
	dejo librada en mi espada,	515
	con más honra acreditada	
	que da luz al mundo el día.	
	¿Hoy te ha llegado a servir	
	un muchacho montañés?	
Álvar	¿Es aquél acaso?	

Martín	Él es.	520
Álvar	Pues ¿qué me quieres decir?	
Martín	Que en mi casa se ha criado y por yerro te ha servido; que me lo vuelvas te pido.	
Sancha	Ya está en el pecho turbado el corazón; no quisiera ser de su daño ocasión.	525
Álvar	Aunque tuvieras razón y para dalla estuviera, por el modo que has tenido te la dejara de dar, que al pedir me han de rogar.	530
Martín	Pues yo mando cuando pido, y en la distancia que ves que hay del pedir al tomar, te quise dejar lugar para que el paje me des; pero, pues que no conoces lo que en pedírtele ganas, excusa ya voces vanas.	535 540
Álvar	Tú eres el que das las voces.	
Martín	Pues en la fuente del Cisne te espero.	
Álvar	Y allí verás si importa rogarme a mí.	

Martín	De rabia y de celos muero.	545

(Vanse los dos.)

(Sancha, sola.)

Sancha	¡Que así hayan puesto los celos	
	causados de mi venida	
	en riesgo la mejor vida	
	que han dado aliento los cielos!	
	No me atrevo, estoy corrida,	550
	que yo a sus pies me arrojara	
	para que grillos le echara	
	a su atención atrevida.	

(Sale Botija. Sancha.)

Botija	¿Qué hay, mancebo?	
Sancha	Avisa al Cid,	
	amigo, que tu señor	555
	y Alvar Fáñez, ¡ay amor!,	
	para temerosa lid	
	se desafían.	
Botija	¿Y va	
	con ellos alguna gente?	
Sancha	Solos van.	
Botija	¿Dónde?	

Sancha	A la fuente del Cisne.	560
Botija	Pues no tendrá lugar su furioso intento.	

(Vase.)

(Sancha, sola.)

Sancha	¡Que tanto los celos puedan que a toda amistad excedan! Iré en los hombros del viento, quizá les dará el amor algún pacífico medio; que amor suele hallar remedio en el veneno mayor.	565

(Vase.)

(Sale Martín Peláez, con rodela.)

Martín	Dicen que abrasarse en celos es la causa no estimarse un hombre, porque presume que el competidor amante tiene más mérito que él; porque quien lo juzga sabe pues no conoce que el gusto de errados desvelos nace. Si hubiera elecciones justas, fuera amor carga suave, hubiera paces dichosas y casamientos suaves.	570 575 580

            Mas si del cuello de Adonis
            de la belleza una imagen,
            Venus mendigando gustos
            va con Vulcano a casarse,   585
            ¿Por qué no ha de tener celos
            el mismo Fénix de su áspid,
            si las mujeres escogen
            lo más humilde por fácil?
            Celos es razón que tenga,   590
            no digo yo de Alvar Fáñez,
            que un esclavo, vive Dios,
            recelo que me aventaje.
            Si conoce que es mujer,
            no hay sufrimiento que baste;   595
            la amistad y el parentesco
            los he de borrar con sangre.

(Sale Sancha. Dicho.)

Sancha   Amor, ¿por qué me acobardas,
            si sabes que son bastantes
            las disculpas de mi fe?   600
            Mas si me atreví a dejarle
            y mi inconstancia conoce,
            razón es que me acobarde
            la vergüenza, aunque sin culpa.

Martín   Amor, ¿es causa bastante   605
            el ver a Sancha que el pecho
            entre volcanes se abrase
            de celos? ¡Viven los cielos,
            que viene por Alvar Fáñez!
            Enamoróse de verle   610
            galán, entro por su paje

                        y creció su amor, por vernos
                        a él valiente, a mí cobarde.
                        ¡Quién pudiera reducilla!
                        Que, aunque es en belleza un ángel,   615
                        es en las demás acciones
                        mujer y podrá mudarse.

(Sale Álvar Fáñez. Dichos.)

Álvar   Cuando tan poco me importa
                        volvelle a Martín Peláez
                        el paje, ¿he de ser tan rudo   620
                        que olvide amistad y sangre?
                        Que, aunque él procedió conmigo
                        atrevido y arrogante,
                        no hubo agravio entre nosotros
                        para que el honor se manche.   625
                        Mas ya me espera en el puesto,
                        y con risueño semblante
                        llega a hablar al pajecillo;
                        delito será quitarle
                        su gusto; en hablando, pienso   630
                        firmar nuestras amistades
                        con lazo inmortal.

Martín   Escucha
                        para que después me mates.

Sancha   ¿Qué me quieres?

Martín   Darte un alma
                        que despreciada arrojaste   635
                        del cielo de tu hermosura.

Álvar	No se le dicen a un paje,
	Álvaro, aquestas razones.

Martín	Sancha: ¿tan presto quebraste	
	la fe de tu amor primero?	640
	Aquellas finezas grandes,	
	aquellas lágrimas tuyas	
	que dejaron arrogantes,	
	más que si fueran del alba	
	las flores de nuestros valles,	645
	¿qué fuego las consumieron?	
	Mira, que no es bien te iguales	
	a los que en la corte viven	
	que solo traiciones saben,	
	y del valor que he podido	650
	entre moriscos alfanjes	
	mostrar el valor del pecho	
	otros podrán informarte.	

Álvar	Ésta es mujer, y cual suele	
	el pajarillo ampararse	655
	del águila que le sigue	
	por el imperio del aire,	
	a mi amparo se ha venido,	
	encubriendo de su amante	
	el alma con los deseos	660
	y el cuerpo con los disfraces.	
	Mas ya que se ha descubierto	
	otra fugitiva Dafne,	
	otra Europa entre las flores	
	y otra suspensión de Paris,	665
	deje las selvas de Chipre	
	amor, si ya de cobarde	
	no se atemoriza en verme	

	teñido de polvo y sangre,	
	ganaré la montañesa,	670
	si para mi ofensa trae	
	más escuadrones que el griego	
	trajo en sus preñadas naves.	
	¿He tardado mucho?	

Sancha	No;	
	que para tratar de paces	675
	entre parientes y amigos	
	jamás se ha llegado tarde.	
	En vuestra contienda injusta,	
	pues que de mi causa nace,	
	bien es que yo sea tercero.	680
	Mi señor Martín Peláez	
	me echó de su casa un día,	
	y yo, viniendo a buscarle,	
	entré, en tanto que le hallaba,	
	a serviros.	

| Martín | Dios te guarde | 685 |
| | al paso de mis venturas. | |

Álvar	Pues ya que conmigo entraste	
	me has de servir, ¡vive Dios!,	
	porque no ha de ser bastante	
	el miedo que ya le tienes.	690

Martín	Pues nos hace el campo iguales	
	en la defensa y las armas,	
	verás cuando aquí te mate	
	el respeto que me debes.	

| Sancha | ¡Hay desdicha semejante! | 695 |

	Señores, ¡que siendo amigos	
	y tan parientes se maten!	
	Mas ya los cielos piadosos	
	trujeron quien los aparte.	
	Mirad al Cid, caballeros.	700
Álvar	¡Cielos! ¿Quién pudo avisarle?	
Martín	¿Qué haremos?	
Álvar	Lo que yo hiciere.	

(Recuestanse en el suelo y sale el Cid.)

Cid	Mal saben disimular,	
	porque en ocasión que el campo	
	sigue el victorioso alcance	705
	para cercar a Valencia,	
	no es bien que los Capitanes	
	a descansar se retiren;	
	vendrán a desagraviarse	
	de alguna afrenta, sin duda.	710
Álvar	Tres veces envió a llamar	
	el Rey, alzóle el destierro.	
Martín	Es en su corte importante	
	nuestro tío.	
Cid	¡Qué bien fingen!	
Álvar	Los casamientos que hace	715
	en orden a honralle ha sido.	

Martín	Son ricos y principales
	los Condes de Carrión,
	aunque, si verdades valen,
	no partieron muy contentas 720
	nuestras primas.
Álvar	Ya se sabe
	que os amaba tiernamente
	Doña Sol.
Martín	Amor constante
	os mostraba tiernamente
	Doña Elvira. 725
Cid	¡Qué tiernos discursos hacen
	para encubrir sus agravios!
	Que será bueno dejalles
	reñir, que si agora estorbo
	las intenciones que traen 730
	serán con la paz fingida,
	en mi presencia cobardes,
	y después como ofendidos
	podrán volver a matarse.
	Más vale que en mi presencia 735
	riñendo se desagravien,
	que con las espadas fuera
	pienso que será bastante
	a concertarlos. Sobrinos,
	¿agora gozáis el aire 740
	cuando los demás trabajan?
Álvar	Como nos toca la parte
	del mayor trabajo, es bien
	que el espíritu descanse.

Cid	Hoy veré quién es Martín,	745
	veré quién es Alvar Fáñez,	
	porque mi rojo pendón	
	quisiera verle colgarle	
	sobre la torre más alta	
	del muro; mas no ha de darse	750
	sino al mejor Capitán,	
	al de valor más constante	
	en el peligro, que fuera	
	la desdicha más notable	
	que le viniera a Rodrigo,	755
	si el rojo pendón ganase	
	el moro; y así querría,	
	supuesto que os juzgo iguales,	
	que miréis cuál de los dos	
	puede al peligro arrojarse.	760
Álvar	Solo yo llevarle puedo.	
Martín	Yo solo puedo llevarle.	
Cid	Alto, pues, solo el valor	
	es bien que del alma saque	
	la duda.	
Martín	Dadnos licencia,	765
	veréis en pequeño instante	
	quién vuestro pendón merece.	
Cid	Como eso no más se aguarde,	
	licencia y campo tenéis.	
Sancha	¡Buen modo de concertalles!	770

                    Todo en la guerra es furor,
                    todo es duelo, todo es sangre.

Álvar   ¡Dichosa ocasión ha sido!

Martín   Agora podré vengarme.

Cid   Mirad que la cortesía   775
                    ni la amistad no os engañen,
                    porque al que viere vencido
                    lo he de juzgar por cobarde.

Martín   Primero veréis mi muerte
                    que me dé atributos tales   780
                    vuestra lengua.

Álvar   En sangre mía
                    veréis el campo bañarse antes
                    que el rojo pendón
                    ajenas fuerzas le ganen.

(Riñen.)

Cid   Cese el enojo, sobrinos,   785
                    que en valor y fuerza iguales
                    podéis hacer competencia
                    en su quinto cielo a Marte.
                    Yo he de llevar el pendón,
                    porque ninguno se agravie.   790
                    Vuestro recebido enojo
                    en el campo ha de quedarse,
                    porque no ha de haber agravios
                    donde el Cid hace las paces.
                    Daos los brazos.

Sancha	Déte el cielo	795
	por dilatadas edades	
	mas que a Alejandro vitorias.	
	¡Que los he visto abrazarse!	
Martín	Alvar Fáñez, dame a Sancho.	
Álvar	No quiero, Martín Peláez.	800
Martín	Pues yo os mataré en Valencia.	
Álvar	Pues allá habrá quien os mate.	
Cid	Si los deudos son amigos.	
	¿qué contrario ha de esperarles?	

Fin de la segunda jornada

Jornada tercera

(Sale Ordoño dando voces.)

Ordoño   ¡Ah invencibles castellanos!
                    Al real que se recoja
                    la gente, que le despoja
                    el moro; apretad las manos,
                    que si no hacéis resistencia   5
                    y aquí vengáis vuestro ultraje,
                    os lleva todo el bagaje
                    el Rey moro de Valencia.

(Tocan dentro a retirarse y sale Bermúdez con la espada desnuda. Dichos.)

Bermúdez   ¿Quién ha mandado tocar
                    a tal punto a recoger,   10
                    cuando llegando a poner
                    las escalas y a pisar
                    la corona de los muros
                    que el pagano defendía
                    casi vio el Cid este día   15
                    los castellanos seguros
                    y señores de Valencia?

(Sale un Soldado. Dichos.)

Soldado   ¡Qué donosa retirada,
                    cuando está medio ganada
                    la ciudad!

(Sale Álvar Fáñez. Dichos.)

Álvar   ¡Que haya paciencia,   20

| | que a la voz de un atambor
retirándose perdido
es la ocasión el ruido
hechizo de algún traidor! | |
|---|---|---|

(Sale el Cid. Dichos.)

Cid	A todos los atambores	25
	de mi campo, haced colgar	
	de esos robles. ¿Retirar	
	a tal ocasión, traidores?	
	¡Por ida de mi Jimena,	
	que a saber quién lo mandó...!	30
Ordoño	Rodrigo de Vivar, yo;	
	si merezco alguna pena.	
	Tocar hice a retirar	
	porque después de asaltado	
	el muro, habiendo dejado	35
	sin gente el real y robar	
	el bagaje y bastimento	
	por el moro, que salió	
	encubierto y aguardó	
	a ver nuestro alojamiento	40
	sin guarnición ni soldados,	
	todo el despojo y tesoro	
	que en tantos meses al moro	
	quitaste, gente y ganados	
	y mujeres, sin dejar	45
	cosa de importancia, lleva;	
	ved si merece esta nueva	
	que toquen a retirar.	
Cid	Al alcance, pues, amigos,	

	que dejar sin guarnición	50
	el real dio la ocasión	
	a este daño; sean testigos	
	ellos mismos por su mal	
	del valor que os acompaña.	
	¡Alarma! No diga España	55
	que el moro os despojó el real.	
Ordoño	Por las huertas van; seguid	
	sus pasos.	
Todos	¡Alarma!	
Cid	Desto,	
	¿qué dirá Alfonso el Sexto?	
	¿Qué dirá España del Cid?	60

(Vanse.)

(Tocan alarma, sale Martín Peláez con la espada desnuda.)

Martín	¿Qué alboroto puede ser	
	el que nuestro real provoca,	
	que agora a rebato toca	
	y tocaba a recoger?	
	¡Buena ocasión ha perdido	65
	el Cid con su retirada!	
	Tuve una torre ganada	
	y el moro casi rendido,	
	y no sé con qué consejo	
	el campo se retiró;	70
	pero más sabe que yo	
	el Cid y es prudente y viejo.	

(Sale Botija, llorando. Dicho.)

Botija
¡Ay rocín del alma mía!
¿Qué hará Botija sin vos?
Para renegar de Dios   75
os lleva la morería.
Muy bien pudiera el perrazo,
antes de entrar en Valencia,
daros, mi rocín, licencia
siquiera para un abrazo.   80
Mas, como sois de importancia,
sin dejaros despedir,
ojos que vos vieron ir,
no os verán tornar a Francia.
Viendo me quedo este día,   85
porque no tendrá, por Dios,
otro rocín como vos
toda la rocinería.
No se vio cabalgadura
que tuviese, ya que empiezo,   90
como vos cola y pescuezo,
una legua de andadura.
Allá os vais con el bagaje,
mi rocín, mi pino de oro,
y afrentaréis, siendo moro,   95
todo el rocinal linaje.
Yo a pata y sin un real
diré de noche y de día:
¿adónde estás, bestia mía,
que no te duele mi mal?   100

Martín
Botija, ¿qué llanto es ése?

Botija
¡Ay de mí! Peláez Martín:

renegó nuestro rocín;
ved si es justo que me pese.
En dándole medio pienso 105
por un haz de mielga fui,
y apenas del real salí,
cuando, menos que lo pienso,
el moro robó el bagaje,
y Sancha, de hombre vestida, 110
va cautiva y afligida
sin aprovecharle el traje.
Hasta el medio celemín
y el arnero se llevó;
pero lo que siento yo 115
es el ver a mi rocín,
que, apenas el pobre toca
la cebada que le di,
cuando llevárselo vi
con el bocado en la boca, 120
aunque sin albarda y cincha,
y en medio de su tristeza
volvió el pobre la cabeza,
y mirándome relincha,
diciendo: «Botija, adiós, 125
que, pues llevo amo segundo,
si no es en el otro mundo
no nos veremos los dos.»

Martín   ¿El bagaje lleva el moro?

Botija   Sí, y el Cid le va siguiendo; 130
¿no oyes la grita y estruendo?

Martín   Y mi Sancha, a quien adoro,
¿va cautiva?

Botija	Y mi rocín llevado de los cabellos. ¡Ah perros! ¡Martín, a ellos! 135 ¡Démosles un San Martín!
Martín	No tiene amor quien espera, mi Sancha, vuestra prisión.
Botija	Librádmele, San Antón, y os daré un rocín de cera. 140

(Vanse.)

(Tocan al arma y dase la batalla; después de algunas salidas, sale Martín acuchillando a Amete y Calín.)

Martín	No lograréis los despojos, perros, que del real lleváis.
Amete	¡Favor, Alá!
Martín	¿Tembláis? Mientras no vieren mis ojos a Sancha, que es la luz dellos, 145 no ha de quedar moro a vida.
Calín	Oye.
Martín	¡Ay Sancha querida! ¿Qué he de hacer si vivo en ellos?

(Vase.)

(Sale un Moro acuchillando a Botija, armado, a lo gracioso.)

Botija	¡Ay, que me matan, Martín!	
	¡Ah Martín Peláez!, señor,	150
	este moro esgrimidor,	
	tras llevarme mi rocín,	
	me quiere matar.	
Moro	¡Ah perro!	
Botija	Martinico: ¿por qué no me vales,	
	que galgos me matan a tus umbrales?	155
Moro	No huyas.	
Botija	Haga allá el hierro,	
	señor moro, así se vea,	
	regidor de su lugar,	
	o si es que sabe cantar	
	misa, cante allá en su aldea.	160
Moro	Muerte he de darte.	
Botija	¿Quién? ¿Él?	
Moro	Yo te tengo de acabar.	
Botija	¿Y si queda irregular	
	descolgado de un cordel?	
	Que nueso alcalde, por Dios,	165
	si de matarme se huelga,	
	como perdices los cuelga	
	del rollo, de dos en dos.	

Moro	¡Ea!	
Botija	No hay por qué matarme, que ya me muero de miedo.	170
Moro	¡Ah cobarde!	
Botija	Estése quedo; ¿no ve que puede lisiarme? ¡Válgame Dios, y qué extraño y que porfiado está!	
Moro	¡Ea, perro!	
Botija	Acabe ya; ¿ha de durar esto un año? ¡Ah Martín, que están matando a tu Botija! Ven presto, dame un confesor.	175

(Sale Martín. Dichos.)

Martín	¿Qué es esto? ¿Qué tienes?	
Botija	Aquí andan dando, sin habelle hecho mal, este moro da esta tarde en sacudirme.	180
Martín	¡Ah cobarde! ¿Es más de uno? ¿No es tu igual?	
Botija	¿No ves que tira el perrazo	185

| | como un trueno? Belcebú
le espere. | |
|----------|--------------------------------|-----|
| Martín | Tirale tú
otro, pues tienes buen brazo.
Haz cuenta que al pie de un roble
con el hacha vas a darle | 190 |
| | golpes hasta derribarle,
que yo tuve miedo doble,
y empezando a pelear
les perdí todo el temor,
gente es sin fuerza y valor. | 195 |
	Mira: así es como has de darle.	
(Dale.)		
Moro	¡Ay Mahoma, que me han muerto!	
Martín	Dale, llega, dale así.	
Botija	Estéseme quedo aquí.
y verá cómo le acierto.	200
(Dale.)		
Moro	¡Ay!	
Botija	¡Matéle!	
Martín	¿No lo ves?	
Botija	¡Pardiez, que se murió presto!
¿Esto es matar moros?	

Martín	Esto.
Botija	Déjeme con ellos, pues,
	que yo les daré una mano 205
	que se espante quien me viere.
Martín	Ven.
Botija	Tan fácilmente muere
	un moro como un cristiano.

(Salen Álvar Fáñez y Ordoño.)

Álvar	Entróse el moro en Valencia
	con la presa que robó; 210
	solo la gente dejó
	que iba cautiva.
Ordoño	Prudencia
	digna de desgracia tal.

(Sale el Cid. Dichos.)

Cid	¿Una vez sola que falto
	os vais todos al asalto 215
	y dejáis sin guarda el real?
	En vosotros mismos hoy
	tendréis el justo escarmiento.
	Llevado os ha el bastimento
	y hacienda; contento estoy 220
	de que padezcáis la pena,
	pues todos estáis culpados;
	de pelear venís cansados,

                    y el moro os lleva la cena.
                    No tengo que os castigar,   225
                    por mí el moro os da el castigo,
                    pues, como si fuera amigo,
                    le habéis dado de cenar.
                    Él vuestra locura enfrene,
                    que, mientras comiendo está,   230
                    yo apostaré que dirá
                    que el que no guarda no cene.

(Vase.)

(Dichos, menos el Cid.)

Ordoño   El Cid nos corrió y se fue.

Álvar   Y con sobrada razón.
                    ¡No fuera en esta ocasión   235
                    más temprano!

Ordoño   ¿Para qué?

Álvar   Para escalar ese muro
                    y quitarle de la mesa,
                    como harpía, vida y presa,
                    que el moro goza seguro.   240
                    No tenga en mis venas yo
                    sangre noble y castellana
                    si no vengare mañana
                    lo que hoy el moro causó.
                    Que restaurando la afrenta   245
                    que del Cid a sufrir llego,
                    cenara, y yo hiciera luego
                    sin la huéspeda la cuenta.

Ordoño	O yo perderé la vida	
	o mañana en el asalto,	250
	de sangre y de vida falto,	
	seré del moro homicida.	
	En la ciudad y en las puertas,	
	dándolas al Cid abiertas,	
	su agravio satisfaré,	255
	verá el moro si le cuesta	
	tan barato el robo.	
Álvar	Vamos	
	que si esta noche ayunamos	
	mañana será la fiesta.	

(Vanse.)

(Sale Martín Peláez, solo.)

Martín	¿Sancha cautiva, y vivo el que la adora?	260
	¿Cómo pareceré, cielo, en presencia	
	del gran Rodrigo y de su gente toda?	
	¿Yo sin mi Sancha y él sin su Valencia?	
	Cubierto vengo de la sangre mora,	
	que sin poder hacerme resistencia	265
	el claro acero de mis armas mancha.	
	Mas ¿qué importa, si vuelvo sin mi Sancha?	

(Sale el Cid. Dichos.)

Cid	Martín, ¡vivo vos! ¿Se atreve	
	a asaltar el real el moro	
	sin que vuestro valor pruebe?	270
	¿Vos consentís que el tesoro	

y el bastimento se lleve,
y no le quitáis la presa,
ni a que os venguéis os provoca?
Yo sé cuándo, en cierta empresa, 275
con el bocado en la boca,
os hice alzar de la mesa
donde mi gente comía,
y vos, de aquesto afrentado,
comprastes desde aquel día 280
tan caro cada bocado,
que un moro el menor valía.
Desde entonces, bien segura
pensé yo tener con vos
mi mesa y vuestra ventura. 285
Juntos comimos los dos
en más de una coyuntura;
convidado vengo a ser
vuestro agora: de cenar
me dad, si os di de comer, 290
y si no halláis que me dar,
el moro os podrá vender
lo que el descuido le ha dado
de mis soldados seguros,
pues mientras mi campo armado 295
desmantelaba sus muros,
mi mesa ha desmantelado.
Ea, a cenar con vos vengo,
siendo vuestro Capitán.
¿Tenéis qué darme?

Martín   Sí tengo; 300
en este árbol hay un pan
con que mi valor mantengo.

(Saca del tronco de un árbol un pan y una servilleta.)

Cuando, por ser yo cobarde,
con la servilleta puesta
y el pan hiciste alarde 305
de lo que la fama cuesta,
y yo volví, aunque tarde,
prudentemente avisado
por vuestro castigo, en él
faltando el primer bocado, 310
puse el pan en el laurel
que hasta aquí me lo ha guardado.
Desde entonces, cada día
que alarma el tambor tocaba,
si temor en mí sentía, 315
el pan del laurel sacaba
y mirándole decía:
«Esfuerzo mi valor tome
a ganar de comer hoy,
Martín, aunque el miedo os dome 320
de ver la espantosa lid,
porque en la mesa del Cid
quien no lo gana no come.»
Y desta suerte el valor
he adquirido que te di; 325
pues podré afirmar, señor,
que el pan que con vos comí
lo gané con mi sudor.
Con él agora os regalo:
tomalde, que os aseguro 330
que al plato mejor le igualo,
y si os pareciere duro,
a buen hambre no hay pan malo.
Mas diréis, según colijo,

	que si a secas os le dan,	335
	escaso banquete elijo,	
	y que no solo de pan	
	vive el hombre: Dios lo dijo.	
	Mas, porque no lo digáis	
	tené, el mío Cid, paciencia,	340
	que si un poco esperáis,	
	yo os buscaré en Valencia	
	cosa con que lo comáis.	

(Vase, desenvainando la espada.)

(El Cid, solo.)

Cid	Martín Peláez, oye, espera;	
	el Cid te manda que aguardes.	345
	¡Ah buen español! ¡Pluguiera	
	a Dios que destos cobardes	
	mil mi ejército tuviera!	
	¡Oh pan sabroso, el mejor	
	que ha sustentado mi casa!	350
	La honra os dio harina en flor,	
	con sangre mora os amasa	
	y en el horno del valor	
	os cuece el atrevimiento.	
	Hoy, mis nobles castellanos	355
	haceros banquete intento;	
	Martín restauró en mis manos	
	si robado bastimento.	
	A un pan somos convidados	
	que es fuerza que bien os sepa;	360
	venid a comer, soldados,	
	Porque, aunque a bocado os quepa,	
	valen mucho estos bocados.	

                    Convidados de Martín
                    somos; hacelde favor,   365
                    que aunque es pan principio y fin,
                    amigos, pan y valor
                    no es pan a secas, en fin.
                    Y vos, Martín, a quien dan
                    renombre inmortal, decid   370
                    que aunque es vuestro Capitán,
                    os podéis preciar que el Cid
                    ha comido vuestro pan.

(Sale Botija, de moro gracioso, y Sancha, de cautivo.)

Botija   Sancha, si estáis cautivada,
                    acá estamos todos.

Sancha   Pues   375
                    ¿qué traje es éste?

Botija   ¿Os agrada?

Sancha   ¿Eres moro?

Botija   Por un mes.

Sancha   Como mozo de soldada.
                    ¿Donde vais de esta manera?
                    ¿Dónde dejas a Martín?   380

Botija   El libertaros espera,
                    yo vo a ver mi rocín,
                    porque sin él no me muera.
                    Mas si de aquestos galgazos
                    quiere excusar los pesares,   385

	libraránle estos dos brazos,	
	él tirándolos a pares,	
	yo dando a nones porrazos.	
	Desde que aprendí a	
	matar moros, no les tengo miedo.	390
Sancha	¡Siempre de humor has de estar!	
Botija	Sin mi rocín, ¿cómo puedo,	
	Sancha mía, sosegar?	
	mas, ¿cómo os va a vos, decid,	
	después que estáis cautivada?	395
Sancha	Trújome el Rey moro así,	
	y en fe que de mi se agrada	
	se quiere servir de mí.	
Botija	Pues ¿sabe que eres mujer?	
Sancha	En reputación estoy	400
	de hombre.	
Botija	¿Y muestra placer	
	en veros?	
Sancha	Dice que soy	
	un ángel.	
Botija	De Lucifer.	
	No tenga después el Papa	
	que absolver.	
Sancha	¡Donoso estás!	405

Botija	Si mi amo no os escapa,
	echaos una chapa atrás
	y seréis mujer de chapa.
Sancha	Solo quiere que de paje
	le sirva.
Botija	Si en vos repara 410
	y os desconoce en el traje,
	habladle cara con cara,
	que a traición no es buen lenguaje;
	que si Martín desde hoy más
	sabe esto y pasa adelante, 415
	tendrá celos a un compás
	de Alvar Fáñez por delante
	y del moro por detrás.
Sancha	Anda, necio, en estos baños
	que están fuera de Valencia, 420
	aunque a sus muros extraños
	pueden en cualquier violencia
	asegurarnos de daños.
	El Rey servirle me manda
	y agora a bañarse viene. 425
Botija	Si Martín en tal demanda
	de aquesto noticia tiene,
	llevará el Rey una tanda...
Sancha	¡Buena flema y necedad
	es la tuya! El Rey es éste. 430
Botija	Pues, Sancha, disimulad
	quién sois, porque no nos cueste

	triunfo el decir la verdad.	
Sancha	Que te escondas es mejor,	
	no sepa el Rey que has entrado	435
	aquí, que es lugar vedado.	
Botija	Aunque ya perdí el temor,	
	me quiero esconder por ti,	
	y en requebrándole el galgo	
	a darle dos cabes salgo	440
	de los más lindos que vi.	

(Escóndese Botija y sale Abenámar, Sancha.)

Abenámar	¡Sancho!	
Sancha	¡Señor!	
Abenámar	¿Estás solo?	
Sancha	Solo ha rato que te espero.	
Abenámar	Solo yo también te quiero	
	más que a Dafne quiso Apolo.	445
Botija	¡Oste puto! Que os chamuscan,	
	moro, si en mi tierra os cogen.	
Abenámar	Mis palabras no te enojen	
	que lo que piensas no buscan.	
	Yo he sabido con certeza	450
	que eres mujer.	
Botija	Por ahí, vaya.	

Sancha	¡Yo mujer! No habrá quien haya dicho tal.
Abenámar	Esa belleza
	lo está diciendo a voces,
	y el alma que es adivina, 455
	en fe que a tu amor se inclina
	quiere que mi reino goces.
	De mi esposa tendrás nombre;
	mira que por ti estoy loco;
	dame...
Sancha	¡Señor, poco a poco, 460
	que soy cristiano, y soy hombre,
	y puesto que estoy cautivo
	tengo valor castellano.
Abenámar	El encubrirte es en vano,
	y advierte que si recibo 465
	desdén, en pago de amarte
	harás que otro medio elija.
Botija	El perrazo se embotija,
	y aunque estoy en buena parte
	escondido, a pocas veces 470
	que ladre, iré en su socorro,
	y haráme que andando al morro
	le dé un pan como unas nueces.
Abenámar	Cristiana, dame esos brazos;
	mi amor paga aquesta vez. 475
Sancha	¡Vive Dios, si descortés

                        fueres, que te hago pedazos!
                        Mal sabes, moro, el valor
                        que a estimar mi ley me esfuerza.

Abenámar   ¡Cruel, ingrata, por fuerza   480
                        has de dar fruto a mi amor!

(Vanse.)

Botija   Tras ella voy en su ayuda.
                        Galguito, si andáis salido
                        aguardad; mas ¿qué ruido
                        en miedo mi ánimo muda?   485

(Sale Martín Peláez. Botija.)

Martín   Subí al muro por la pica,
                        que si es honroso el trabajo,
                        el más soberbio es más bajo.
                        La ciudad se comunica
                        con estos baños y huertas,   490
                        que, aunque fuera della están,
                        los que aquí vienen y van
                        en sus muros tienen puerta.
                        De noche es ya; podrá ser
                        que obligado del calor,   495
                        por resistirle mejor,
                        querrá el Rey agora hacer
                        en sus baños asistencia,
                        y que mi suerte sea tal
                        que, si él ha ganado el real,   500
                        que le gane yo a Valencia.
                        Al ejército he avisado
                        que, en viendo en los muros fuego,

	a lo alto acuda luego.	
	El Cid es mi convidado;	505
	si por principio de cena	
	a Valencia le presento,	
	convite le hago opulento.	
	Ea, pues, noche serena,	
	a costa destos paganos	510
	dame para él esta presa;	
	ve que le dejo en la mesa	
	y con el pan en las manos...	
	Mas ¿con quién he tropezado?	
(Tropieza con Botija.)	¿Quién está aquí?	
Botija	Desta vez	515
	me juntan haz con envés	
	si me hallan en lo vedado.	
Martín	¿Quién es?	
Botija	Eso no; mal haya	
	quien en esto me metió!	
Martín	¿Quién es?	
Botija	¿No ve que soy yo?	520
Martín	¿Quién?	
Botija	Un moro de Vizcaya	
	que ando en busca de un rocín.	
Martín	Si ser posible pudiera,	
	que era Botija dijera.	

Botija	No dirán son que es Martín mi amo, en la voz; quizá a buscar a Sancha vino.	525
Martín	¿Quién sois?	
Botija	Moro vizcaíno.	
Martín	Eso no, que no hay allá moros; todos son hidalgos. ¿Quién sois?	530
Botija	Porque no me aflija, yo soy el moro Botija, que, andando a caza de galgos, siendo liebre, represento agora un mundo al revés.	535
Martín	¡Botija!	
Botija	¿Mi Martín es? Loco me vuelve el contento.	
Martín	Cautivo debes estar.	
Botija	¿Yo cautivo? ¡Malos años!	
Martín	Pues ¿quién te trujo a estos baños?	540
Botija	Mi rocín vengo a buscar enjerto en moro, y a vos Sancha os debe de traer; pero si la queréis ver, daos prisa, pues, par Dios	545

	que el Rey, sabiendo que es hembra,	
	por la huerta va tras ella,	
	que quiere probar si en ella	
	un par de Martines siembra.	
Martín	¿Qué dices, loco? ¿Está aquí	550
	el Rey moro?	
Botija	Requebrando	
	a Sancha, que renegando	
	de sus amores la vi.	
	Huye del como una gama	
	y si os la agarra, por Dios,	555
	que os nazcan de dos en dos	
	y el moro os sople la dama.	
Martín	Mi ventura me ha traído	
	a tan dichosa ocasión.	
	Luces en el muro pon,	560
	pues a tal tiempo has venido	
	que en los baños hallarás	
	lumbre con que el Cid acuda	
	y venga a darnos ayuda.	
Botija	Pues, tú, señor, ¿dónde vas?	565
Martín	A dar a Sancha favor,	
	muerte al descuidado Rey,	
	Valencia al Cid y a mi ley	
	y fin dichoso a mi amor.	
	Todo el campo está avisado,	570
	y solo espera del fuego	
	la señal.	

Botija	Voy por el fuego, pues tú el temor me has quitado; solo el rocín me da pena.	
Martín	Hoy mi esfuerzo al Cid dará a Valencia, y no dirá que ha tenido mala cena.	575

(Vase.)

(Salen Sancha y Abenámar.)

Abenámar	¿De qué te sirve, cruel, a mi firme amor huir, si no te has de convertir como la ninfa en laurel? Escarmienta ingrata, en él, y la fe con que te adoro estima.	580
Sancha	No hay fe en un moro; déjame.	
Abenámar	Mal dejará la mesa el que hambriento está, y el que es avaro el tesoro.	585
Sancha	Que soy castellano advierte, y que la sangre española que me anima basta sola a librarme, y darte muerte.	590
Abenámar	Dámela, y sea de suerte que a morir venga a tus brazos.	

101

Sancha	Será haciéndote pedazos.	

(Tómale las manos.)

Abenámar	A ser descortés comienzo,	595
	por ver si tu rigor venzo,	
	viniendo con él a brazos.	
Sancha	Indignamente eres hombre,	
	pues, sin intentarlo el bruto,	
	por fuerza apetece el fruto	600
	de amor.	
Abenámar	Eso no te asombre.	
Sancha	¡Ah Martín Peláez...!	

(Sale Martín Peláez. Dichos.)

Martín	Mi nombre	
	escucho.	
Sancha	A estar vos aquí	
	no me afrentaran así	
	infieles brazos.	
Martín	Sí estoy,	605
	Sancha; vuestro Martín soy.	
Abenámar	Pero ¿quién te metió aquí?	
Martín	Soy tu muerte; para ella,	
	moro, no hay puerta cerrada,	

	que va, cobarde, en mi espada	610
	que a mi Sancha has de ir por ella.	
Abenámar	¡Mahoma! ¿Cómo atropella	
	al Rey de Valencia así	
	solo un hombre?	
Martín	Viene en mí	
	todo un mundo de valor.	615
Abenámar	¿Eres infierno?	
Martín	De amor.	
Abenámar	Ayuda, moros aquí.	

(Vanse los dos.)

(Sale Botija. Sancha.)

Botija	Con lengua de fuego llama	
	la ocasión a nuestra gente.	
Sancha	¡Ay Martín Peláez, valiente!	620
	Bien pagará quien bien ama.	
	¿Botija?	
Botija	¿No ves la llama	
	que a nuestro ejército avisa?	
	¿No escuchas tocar a prisa	
	a rebato?	
Sancha	Sí.	

Botija	El Cid viene. ¡Ea!, que mañana tiene de oír en Valencia misa.	625

(Cajas, y dice el Rey Moro dentro.)

Abenámar	Alarma, moros, que el Cid asalta los baños reales.

Botija	Almoneda de almanfales tengo de hacer.	630

Abenámar	Acudid, y al cristiano resistid, si para él hay resistencia.

Botija	Remuérdeme la conciencia, Sancha; escóndete que voy a matar dos perros.	635

Sancha	Hoy gana Martín a Valencia.

(Vanse.)

(Dice dentro Ordoño, y Álvar Fáñez sale acuchillándose con dos moros.)

Ordoño	¡Vitoria! Que los pendones del Cid guarnecen los muros de Valencia, y ya seguros la asaltan sus escuadrones.	640

Todos	¡Vitoria!

Álvar	Gracias a Dios,
	deseos, que estáis cumplidos.
Moro I	Muertos, sí; mas no vencidos
	nos has de ver a los dos. 645
Álvar	¿Sabéis quién soy?
Moro II	Bien sabemos
	que eres Alvar Fáñez.
Álvar	Pues
	¿cómo no ponéis mis pies
	en vuestros cuellos, blasfemos?
Moro I	Porque vivir sin Valencia 650
	es vivir vida afrentada.
Álvar	Quebrádoseme ha la espada.
Moro II	Morirás sin resistencia.
	En ti podemos vengar
	parte del mal que recibe 655
	del Cid nuestra nación.
Álvar	Vive
	en mí, valor singular,
	que más que la espada vale,
	y cuando muera, al fin muero
	vencedor.

(Sale Martín. Dichos.)

Martín	¡Ea! Cid, hoy quiero 660

	darte un convite que iguale	
	al precio de esta ciudad.	
	Mas ¿que es lo que miro, cielos?	
	¿No es la causa de mis celos	
	con quien tengo enemistad	665
	este que está sin espada	
	y muerte dos moros dan?	
	Hoy mis agravios verán	
	que la nobleza heredada	
	se sabe vengar aquí.	670
	¡Ea, Alvar Fáñez, a ellos!	
	Ya huyen, para vencellos,	
	amigo tenéis en mí.	
(Huyen los moros.)	y mientras se aposesiona	
	de Valencia el Cid, hagamos,	675
	pues solos y a tiempo estamos,	
	nuestro desafío.	

Álvar   Perdona,
         que con quien me dio la vida
         yo no he de tener pendencia.

Martín   El Cid ha entrado en Valencia   680
         y el moro va de vencida.
         La respuesta es excusada,
         haz la batalla conmigo,
         pues aquel moro enemigo
         se ha dejado aquí la espada.   685

Álvar   Martín, cuando yo quisiera
         a tu Sancha con exceso,
         por la vida, te confieso,
         que me has dado, te la diera.
         Yo no he de reñir contigo,   690

106

	matarme puedes si quieres.	
Martín	Cortesano, Álvaro eres; desde hoy quiero ser tu amigo. Mas oye, que la presencia del Cid nos sale a alegrar.	695
Álvar	Entra, Martín, a triunfar, pues le has ganado a Valencia.	

(Salen el Cid y Payo Peláez, con acompañamiento.)

| Cid | Martín Peláez, bien cumplís vuestra palabra y promesa; ya podéis alzar el pan, pues me habéis dado tal cena. Venturosa cobardía para todos fue la vuestra; pero el Sol que sale tarde mejor alumbra y más quema. Dadme los brazos. | 700

705 |
|----|----|----|
| Martín | Señor, en otro plato quisiera daros por postre a Granada como por ante a Valencia. | |
| Cid | Como vos, Martín Peláez, viváis, que me veré en ella por dueño. Habla a vuestro padre. | 710 |
| Martín | Vengáis, señor, norabuena; dadme a besar vuestros pies, que es lo que mi alma desea. | 715 |

(Sale Botija y Sancha, ya en hábito de mujer.)

Botija	Danos a besar tus pies: Sancha, tu dama, es aquesta, que, temerosa de haber dado causa a tu celera...
Cid	La historia sé, y con licencia 720 de mi buen Payo Peláez, Sancha vuestra esposa sea. Yo la doto en una villa y en un barrio de Valencia.
Payo	Yo de padre le doy brazos. 725
Martín	Yo el alma que vive en ella.
Sancha	Yo os beso, señor, las manos, y me alegro de ser vuestra.
Botija	Yo pido que me den algo.
Martín	Yo enriqueceré tu hacienda; 730 vamos, y os veré tomar posesión.
Cid	Valencia es vuestra.
Martín	No, sino vuestra, Rodrigo, que la ganáis y desea ser hoy «Valencia del Cid». 735
Cid	Y este nombre es bien que tenga;

llamaráse de esa suerte.

Martín   Y tendremos suerte buena
si esta historia os satisface
perdonando faltas nuestras.   740

Fin de la comedia

Libros a la carta

A la carta es un servicio especializado para
empresas,
librerías,
bibliotecas,
editoriales
y centros de enseñanza;
y permite confeccionar libros que, por su formato y concepción, sirven a los propósitos más específicos de estas instituciones.

Las empresas nos encargan ediciones personalizadas para marketing editorial o para regalos institucionales. Y los interesados solicitan, a título personal, ediciones antiguas, o no disponibles en el mercado; y las acompañan con notas y comentarios críticos.

Las ediciones tienen como apoyo un libro de estilo con todo tipo de referencias sobre los criterios de tratamiento tipográfico aplicados a nuestros libros que puede ser consultado en Linkgua-ediciones.com.

Linkgua edita por encargo diferentes versiones de una misma obra con distintos tratamientos ortotipográficos (actualizaciones de carácter divulgativo de un clásico, o versiones estrictamente fieles a la edición original de referencia).

Este servicio de ediciones a la carta le permitirá, si usted se dedica a la enseñanza, tener una forma de hacer pública su interpretación de un texto y, sobre una versión digitalizada «base», usted podrá introducir interpretaciones del texto fuente. Es un tópico que los profesores denuncien en clase los desmanes de una edición, o vayan comentando errores de interpretación de un texto y esta es una solución útil a esa necesidad del mundo académico.

Asimismo publicamos de manera sistemática, en un mismo catálogo, tesis doctorales y actas de congresos académicos, que son distribuidas a través de nuestra Web.

El servicio de «libros a la carta» funciona de dos formas.

1. Tenemos un fondo de libros digitalizados que usted puede personalizar en tiradas de al menos cinco ejemplares. Estas personalizaciones pueden ser de todo tipo: añadir notas de clase para uso de un grupo de estudiantes, introducir logos corporativos para uso con fines de marketing empresarial, etc. etc.

2. Buscamos libros descatalogados de otras editoriales y los reeditamos en tiradas cortas a petición de un cliente.

www.ingramcontent.com/pod-product-compliance
Lightning Source LLC
Chambersburg PA
CBHW051657040426
42446CB00009B/1173